Impressum
Verlag: BABADADA GmbH, Nedderfeld 112 , 22529 Hamburg
Geschäftsführer / Verlagsleitung: Harald Hof
Druck: Books on Demand GmbH, In de Tarpen 42, 22848 Norderstedt

Imprint
Publisher: BABADADA GmbH, Nedderfeld 112 , 22529 Hamburg, Germany
Managing Director / Publishing direction: Harald Hof
Print: Books on Demand GmbH, In de Tarpen 42, 22848 Norderstedt, Germany

școală
skola

Illustration labels:

- sală de clasă / klases telpa
- a împărți / dalīt
- 186/2
- tablă / tāfele
- curte a școlii / skolas pagalms
- profesor / skolotājs
- hârtie / papīrs
- a scrie / rakstīt
- instrument de scris / pildspalva
- masă de birou / rakstāmgalds
- riglă / lineāls
- carte / grāmata
- elev / skolēns

ghiozdan
skolas soma

penar
penālis

creion
zīmulis

ascuțitoare
zīmuļu asināmais

radieră
dzēšgumija

bloc de desen
zīmēšanas bloks

2   școală - skola

desen

zīmējums

pensulă

ota

cutie de acuarele

krāsas

foarfece

šķēres

lipici

līme

caiet de exerciţii

darba burtnīca

temă

mājas darbs

12

număr

skaitlis

2+2

a aduna

saskaitīt

5-2

a scădea

atņemt

2×2

a multiplica

reizināt

a calcula

rēķināt

A

literă

burts

ABCDEFG HIJKLMN OPQRSTU VWXYZ

alfabet

alfabēts

hello

cuvânt

vārds

text
teksts

a citi
lasīt

cretă
krīts

oră
mācību stunda

catalog
žurnāls

examen
eksāmens

certificat
liecība

uniformă școlară
skolas forma

educație
izglītība

enciclopedie
enciklopēdija

universitate
universitāte

microscop
mikroskops

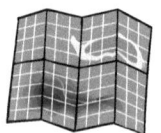

hartă
karte

coș de gunoi
papīrgrozs

călătorie
ceļojums

hotel
viesnīca
Grand
hostel
hostelis
ROOMS
EXCHANGE
casă de schimb valutar
valūtas maiņas punkts
valiză
čemodāns
autovehicul
automašīna

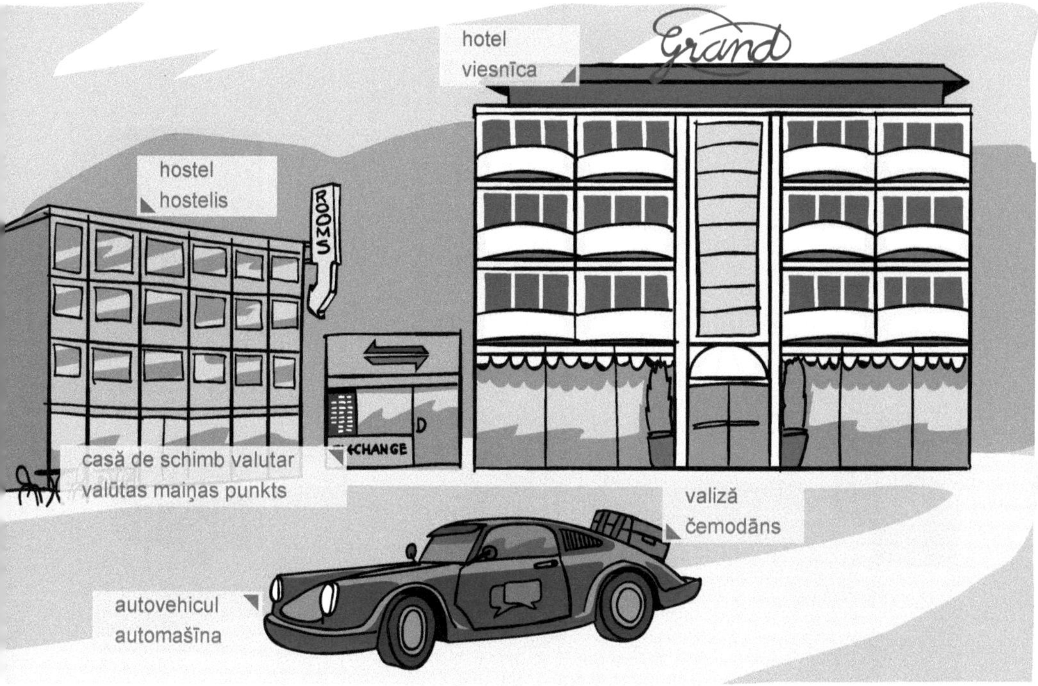

limbă

Valoda

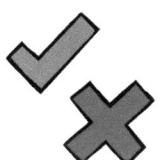

da/nu

jā / nē

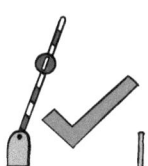

okay

Okay

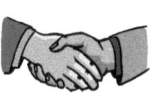

Bună!

Sveiki!

interpret

tulks

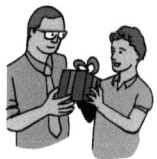

mulțumesc

paldies

Cât costă...?

Cik maksā...?

Nu înțeleg

Es nesaprotu

problemă

problēma

Bună seara!

Labvakar!

Bună dimineața!

Labrīt!

Noapte bună!

Ar labu nakti!

la revedere

Uz redzēšanos

direcție

virziens

bagaj

bagāža

geantă

soma

rucsac

mugursoma

oaspete

viesis

cameră

istaba

sac de dormit

guļammaiss

cort

telts

punct de informare turistică

tūrisma informācija

plajă

pludmale

carte de credit

kredītkarte

mic dejun

brokastis

masa de prânz

pusdienas

cină

vakariņas

bilet de călătorie

biļete

lift

lifts

timbru poştal

pastmarka

graniţă

robeža

vamă

muita

ambasadă

vēstniecība

viză

vīza

paşaport

pase

călătorie - ceļojums

7

transport
transports

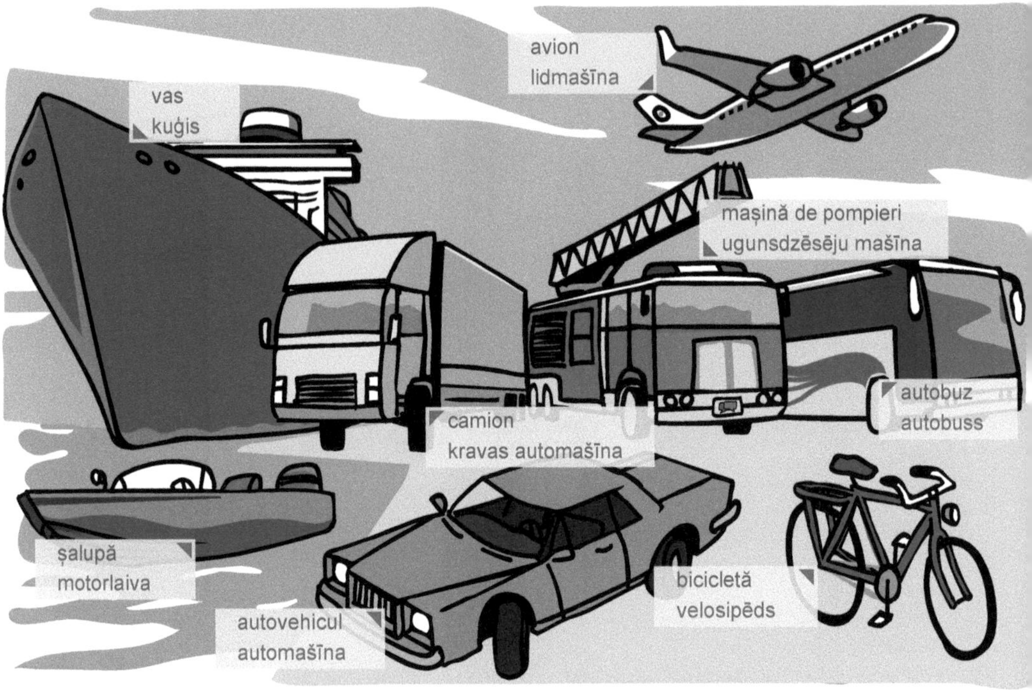
avion
lidmašīna
vas
kuģis
mașină de pompieri
ugunsdzēsēju mašīna
camion
kravas automašīna
autobuz
autobuss
șalupă
motorlaiva
bicicletă
velosipēds
autovehicul
automašīna

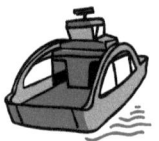

feribot

prāmis

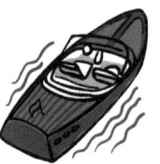

barcă

laiva

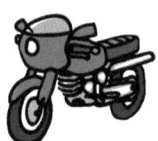

motocicletă

motocikls

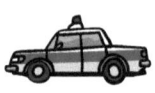

mașină de poliție

policijas automašīna

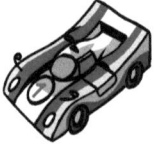

mașină de curse

sacīkšu automobilis

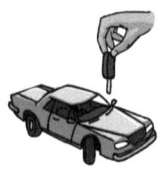

mașină închiriată

nomas auto

car sharing

auto koplietošana

mașină de tractat

evakuators

mașină de gunoi

atkritumu mašīna

motor

dzinējs

combustibil

benzīns

benzinărie

degvielas uzpildes stacija

semn de circulație

ceļa zīme

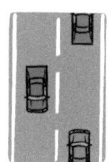

trafic

satiksme

ambuteiaj

sastrēgums

parcare

stāvvieta

gară

dzelzceļa stacija

șine

sliedes

tren

vilciens

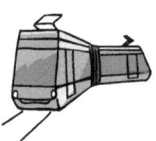

tramvai

tramvajs

vagon

vagons

elicopter

helikopters

aeroport

lidosta

turn

tornis

pasager

pasažieris

container

konteiners

carton

kaste

căruţă

ratiņi

coş

grozs

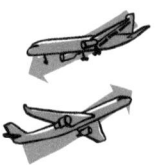

a decola/a ateriza

pacelties / nosēsties

oraș

pilsēta

sat

ciems

centru

pilsētas centrs

casă

māja

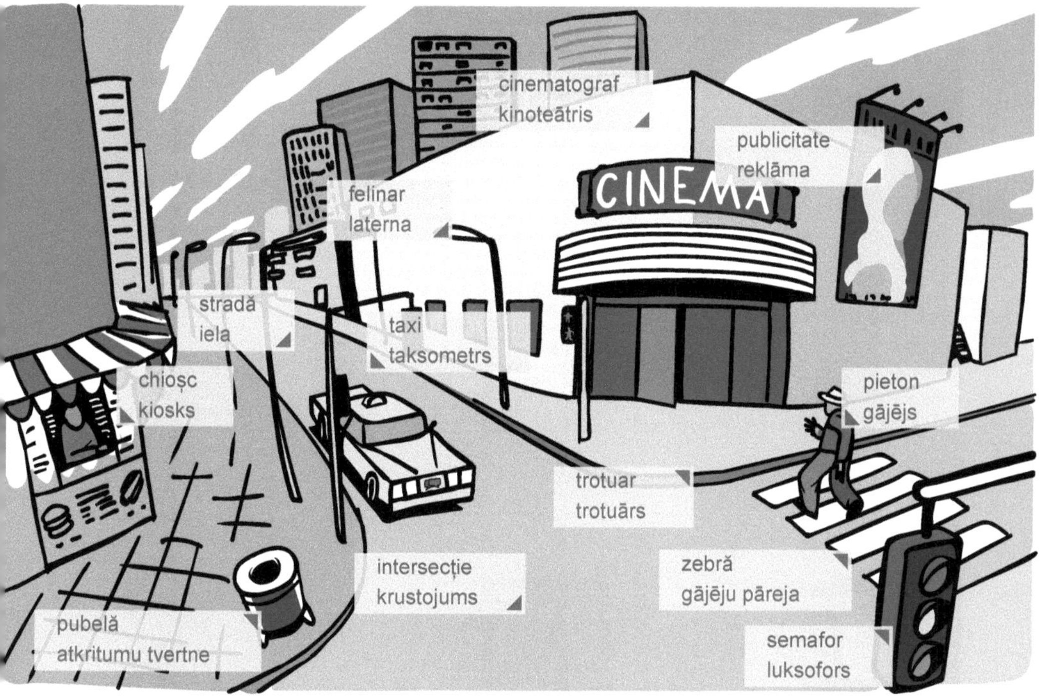

cinematograf
kinoteātris
publicitate
reklāma
CINEMA
felinar
laterna
stradă
iela
taxi
taksometrs
chioșc
kiosks
pieton
gājējs
trotuar
trotuārs
intersecție
krustojums
zebră
gājēju pāreja
semafor
luksofors
pubelă
atkritumu tvertne

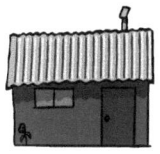

cabană

būda

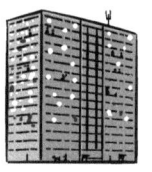

apartament

dzīvoklis

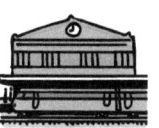

gară

dzelzceļa stacija

primărie

rātsnams

MUSEUM

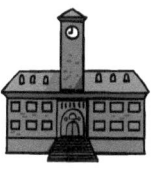

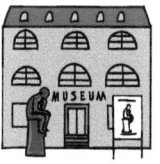

muzeu

muzejs

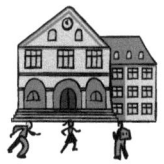

școală

skola

universitate

universitāte

bancă

banka

spital

slimnīca

hotel

viesnīca

farmacie

aptieka

birou

birojs

librărie

grāmatnīca

magazin

veikals

florărie

ziedu veikals

supermarket

lielveikals

piață

tirgus

magazin universal

tirdzniecības centrs

comerciant de pește

zivju tirgotājs

centru comercial

tirdzniecības centrs

port

osta

parc

parks

bancă

sols

pod

tilts

trepte

kāpnes

metrou

metro

tunel

tunelis

stație de autobuz

autobusa pieturvieta

bar

bārs

restaurant

restorāns

cutie poștală

pastkastīte

tăbliță indicatoare cu
numele străzii

ielas nosaukuma plāksne

parcometru

stāvlaika skaitītājs

grădină zoologică

zooloģiskais dārzs

piscină

peldbaseins

moschee

mošeja

gospodărie țărănească

zemnieku saimniecība

poluare

vides piesārņojums

cimitir

kapsēta

biserică

baznīca

loc de joacă

spēļu laukums

templu

templis

peisaj

ainava

frunză
lapa

indicator
ceļrādis

drum
ceļš

pajiște
pļava

piatră
akmens

copac
koks

drumeț
ceļotājs

râu
upe

iarbă
zāle

floare
puķe

vale

ieleja

deal

kalns

lac

ezers

pădure

mežs

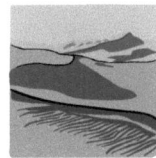

deșert

tuksnesis

vulcan

vulkāns

castel

pils

curcubeu

varavīksne

ciupercă

sēne

palmier

palma

țânțar

moskīts

muscă

muša

furnică

skudra

albină

bite

păianjen

zirneklis

gândac

vabole

broască

varde

veveriță

vāvere

arici

ezis

iepure

zaķis

bufniță

pūce

pasăre

putns

lebădă

gulbis

porc mistreț

meža cūka

cerb

briedis

elan

alnis

dig

aizsprosts

turbină eoliană

vēja ģenerators

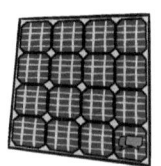

panou solar

saules baterija

climă

klimats

restaurant
restorāns

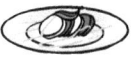

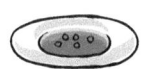

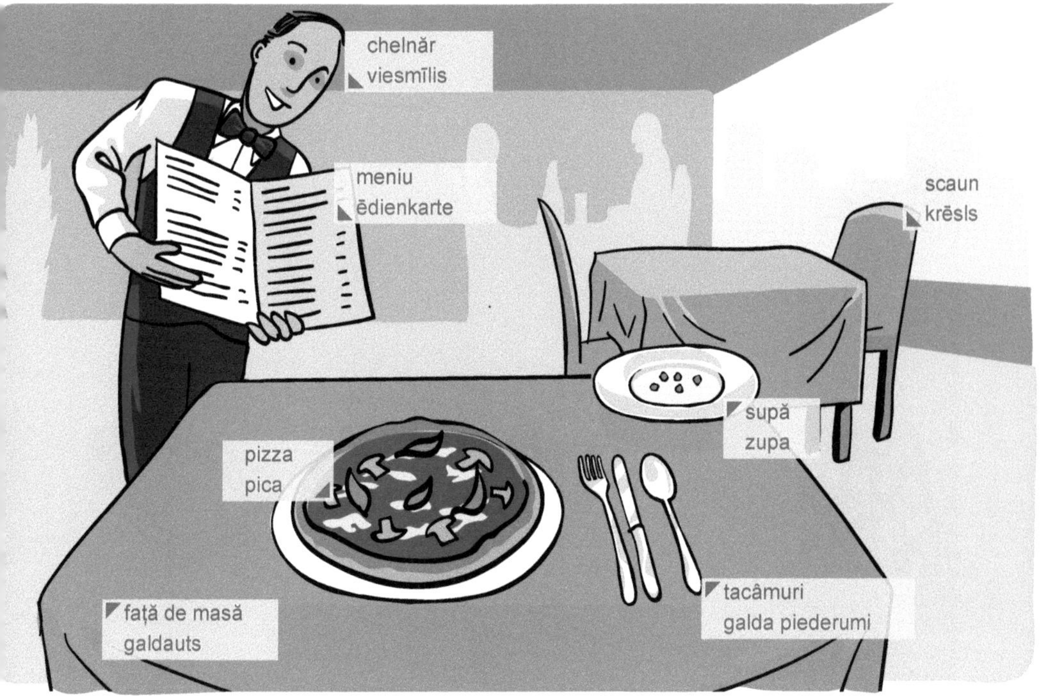
chelnăr
viesmīlis
meniu
ēdienkarte
scaun
krēsls
supă
zupa
pizza
pica
tacâmuri
galda piederumi
față de masă
galdauts

antreu
....
uzkoda

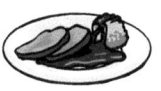

fel principal
....
pamatēdiens

desert
....
deserts

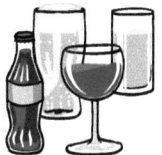

băuturi
....
dzērieni

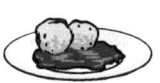

mâncare
....
ēdiens

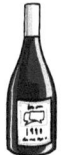

sticlă
....
pudele

fastfood

ātrās uzkodas

streetfood

ielu uzkodas

ceainic

tējkanna

zaharniță

cukurtrauks

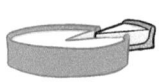

porție

porcija

espressor

espresso kafijas automāts

scaun înalt (pentru copii)

bāra krēsls

factură

rēķins

tavă

paplāte

cuțit

nazis

furculiță

dakša

lingură

karote

linguriță

tējkarote

șervețel

salvete

pahar

glāze

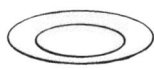

farfurie

šķīvis

farfurie de supă

zupas šķīvis

farfurie

apakštase

sos

mērce

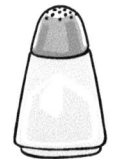

solniță

sāls trauciņš

râșniță de piper

piparu dzirnaviņas

oțet

etiķis

ulei

eļļa

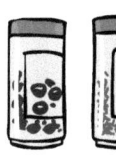

condimente

garšvielas

ketchup

kečups

muștar

sinepes

maioneză

majonēze

supermarket
lielveikals

ofertă
piedāvājums
FOR
client
klients
produse lactate
piena produkti
fructe
augļi
cărucior de cumpărături
iepirkumu ratiņi

BUTCHERS

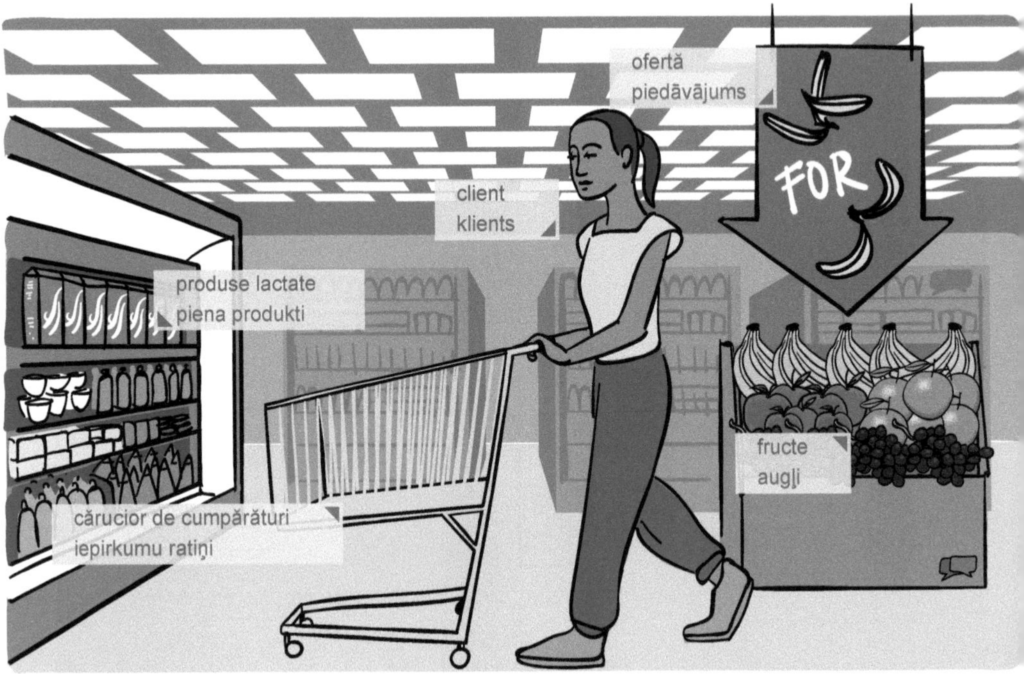

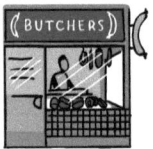

măcelărie

kautuve

BAKERY

brutărie

maizes veikals

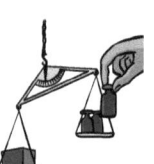

a cântări

svērt

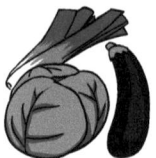

legume

dārzeņi

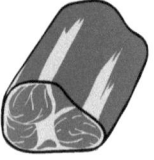

carne

gaļa

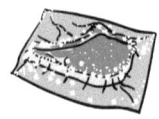

alimente refrigerate

saldēti produkti

mezeluri şi brânzeturi feliate

aukstās gaļas uzkodas

conserve

konservi

detergent

pulveris

dulciuri

saldumi

articole de menaj

mājsaimniecības preces

produse de curăţenie

tīrīšanas līdzeklis

vânzătoare

pārdevēja

casă

kase

casier

kasieris

listă de cumpărături

iepirkumu saraksts

orar

darba laiks

portmoneu

maks

carte de credit

kredītkarte

geantă

soma

pungă de plastic

maisiņš

apă

ūdens

suc

sula

lapte

piens

cola

kola

vin

vīns

bere

alus

alcool

alkohols

cacao

kakao

ceai

tēja

cafea

kafija

espresso

espresso

cappucino

kapučīno

banane

banāns

măr

ābols

portocală

apelsīns

pepene

melone

lămâie

citrons

morcov

burkāns

usturoi

ķiploks

bambus

bambuss

ceapă

sīpols

ciupercă

sēne

nuci

rieksti

paste făinoase

makaroni

spagheti

spageti

orez

rīsi

salată

salāti

cartofi prăjiți

frī kartupeļi

cartofi țărănești

cepti kartupeļi

pizza

pica

hamburger

hamburgers

sandwich

sviestmaize

șnițel

šnicele

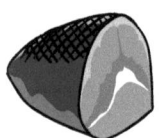

șuncă

šķiņķis

salam

salami

cârnați

desa

pui

vista

friptură

cepetis

pește

zivs

fulgi de ovăz

auzu pārslas

musli

muslis

cereale

brokastu pārslas

făină

milti

corn

radziņš

chifle

brokastu maizītes

pâine

maize

pâine prăjită

tostermaize

biscuiți

cepumi

unt

sviests

brânză de vaci

biezpiens

prăjitură

kūka

ou

ola

ouă ochiuri

cepta ola

brânză

siers

îngheţată

saldējums

zahăr

cukurs

miere

medus

marmeladă

marmelāde

cremă nuga

riekstu krēms

curry

karijs

casă ţărănească
zemnieka māja

şură
šķūnis

balot de paie
salmu rullis

câmp
lauks

cal
zirgs

remorcă
piekabe

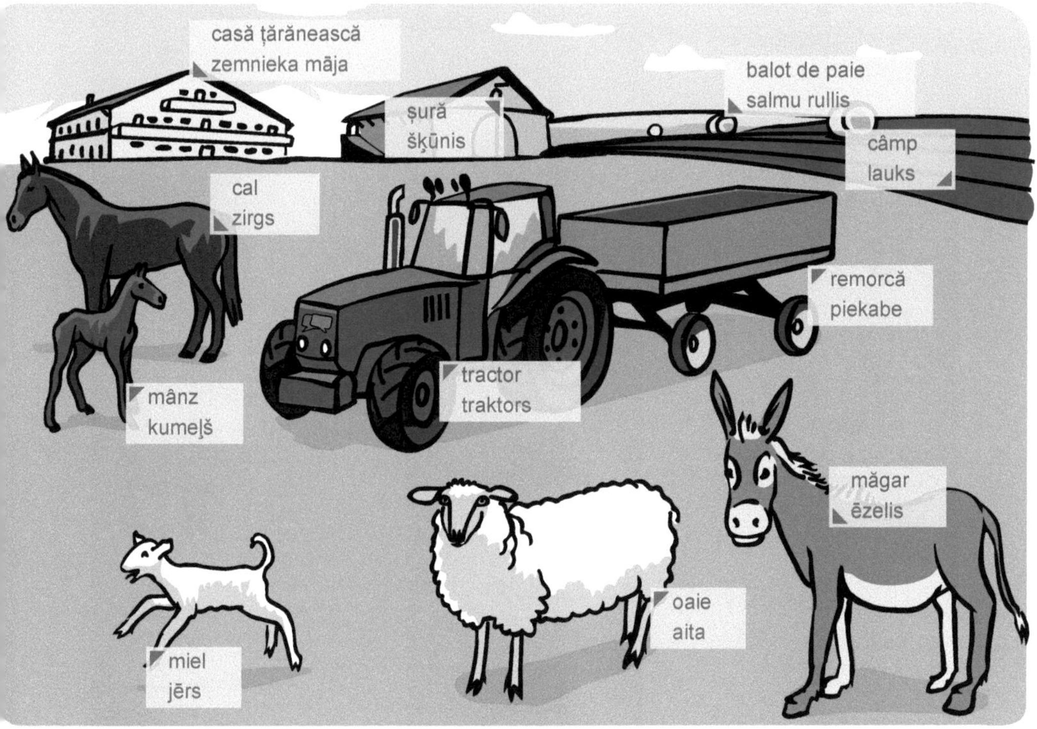

mânz
kumeļš

tractor
traktors

măgar
ēzelis

miel
jērs

oaie
aita

caprǎ
kaza

vacǎ
govs

viţel
teļš

porc
cūka

purcel
sivēns

taur
bullis

găină
zoss

rață
pīle

pui
cālis

găină
vista

cocoș
gailis

șobolan
žurka

pisică
kaķis

șoarece
pele

bou
vērsis

câine
suns

cușcă
suņa būda

furtun de grădină
dārza šļūtene

stropitoare
lejkanna

coasă
izkapts

plug
arkls

seceră
sirpis

sapă
kaplis

furcă
mēslu dakša

secure
cirvis

roabă
ķerra

troacă
sile

cană pentru lapte
piena kanna

sac
maiss

gard
žogs

grajd
kūts

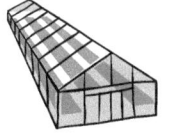

seră
siltumnīca

sol
augsne

sămânță
sēklas

fertilizator
mēslojums

combină de treierat
kombains

a culege

novākt ražu

recoltă

raža

cartof yam

jamss

grâu

kvieši

soia

soja

cartof

kartupelis

porumb

kukurūza

rapiță

rapsis

pom fructifer

augļu koks

manioc

manioka

cereale

labība

casă
māja

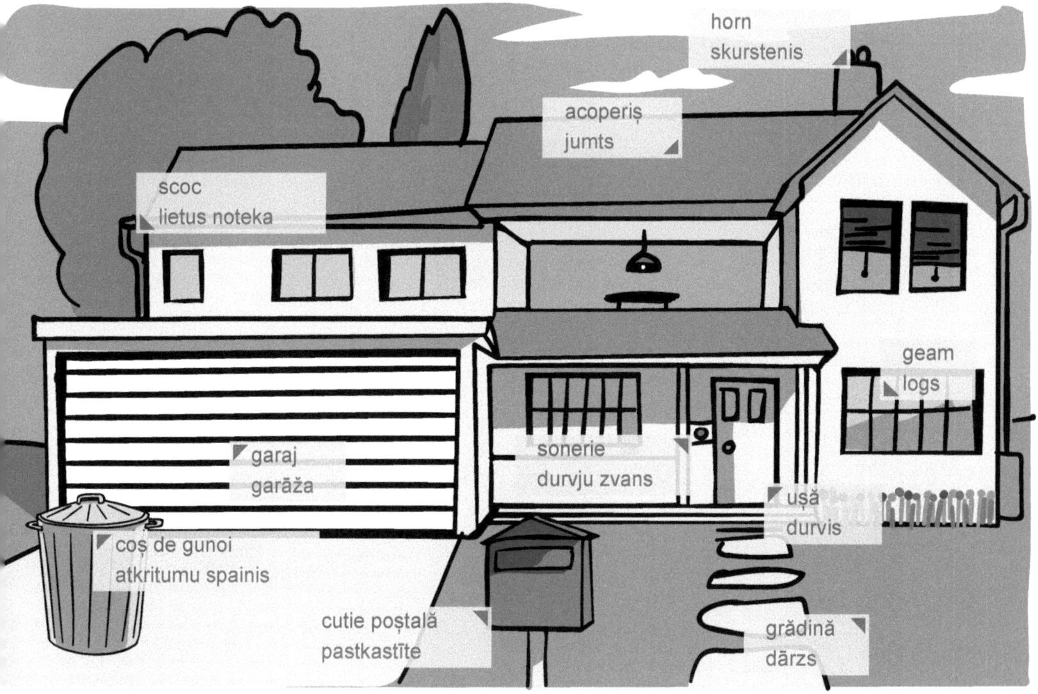
horn
skurstenis
acoperiș
jumts
scoc
lietus noteka
geam
logs
garaj
garāža
sonerie
durvju zvans
ușă
durvis
coș de gunoi
atkritumu spainis
cutie poștală
pastkastīte
grădină
dārzs

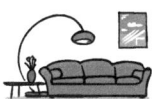

cameră de zi
viesistaba

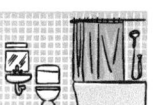

baie
vannas istaba

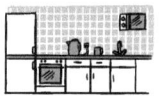

bucătărie
virtuve

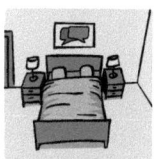

dormitor
guļamistaba

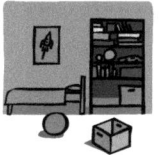

camera copiilor
bērnu istaba

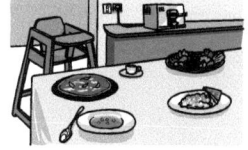

sufragerie
ēdamistaba

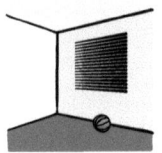

podea

grīda

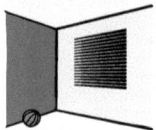

perete

siena

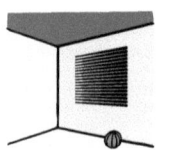

tavan

griesti

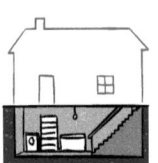

pivniță

pagrabs

saună

sauna

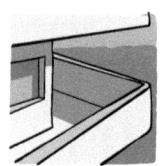

balcon

balkons

terasă

terase

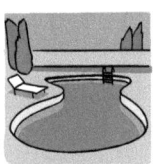

piscină

baseins

mașină de tuns iarba

zāles pļāvējs

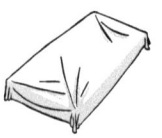

cearșaf

gultas veļa

cuvertură

sega

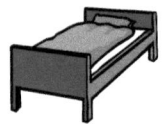

pat

gulta

mătură

slota

găleată

spainis

întrerupător

slēdzis

camеră de zi

viesistaba

tapet
tapetes
pictură
attēls
lampă
lampa
raft
plaukts
dulap
skapis
televizor
televizors
șemineu
kamīns
floare
puķe
pernă
spilvens
sofa
dīvāns
vază
vāze
telecomandă
tālvadības pults

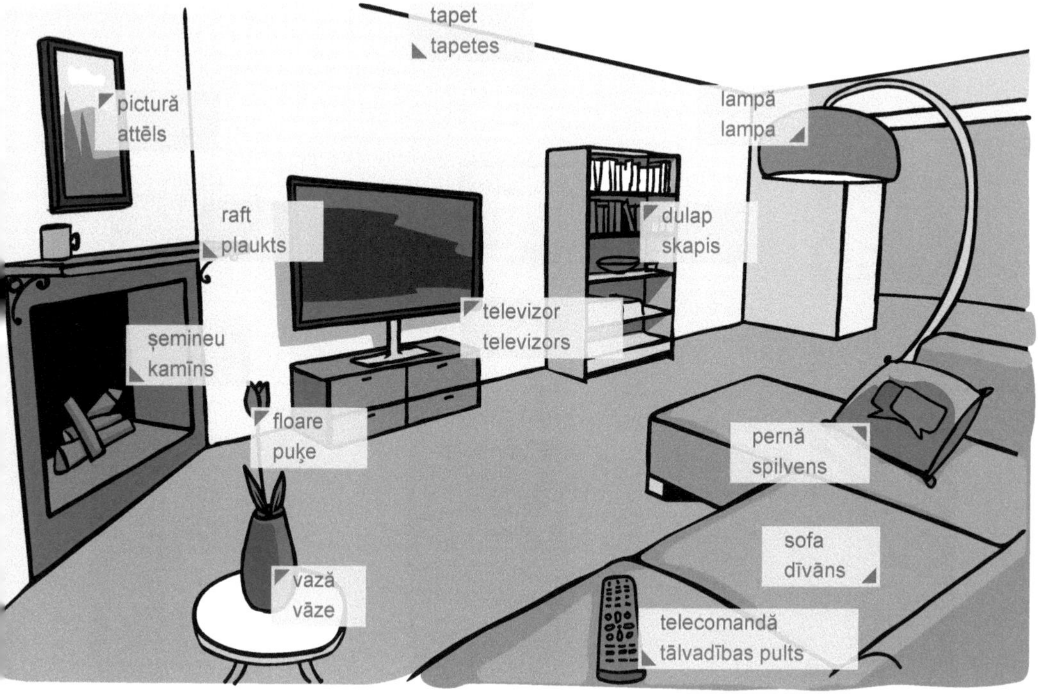

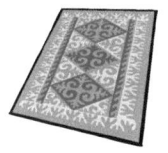

covor
paklājs

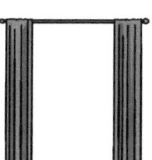

perdea
aizkars

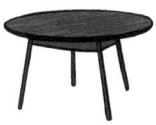

masă
galds

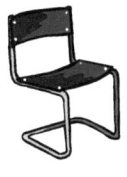

scaun
krēsls

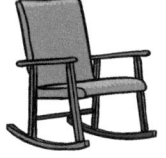

balansoar
šūpuļkrēsls

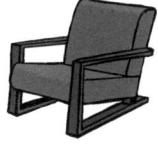

fotoliu
atpūtas krēsls

carte

grămata

pătură

sega

decoraţiune

dekorăcija

lemn de foc

malka

film

filma

instalaţie stereo

mūzikas centrs

cheie

atslēga

ziar

avīze

desen

glezna

poster

plakāts

radio

radio

caiet de notiţe

pierakstu blociņš

aspirator

putekļu sūcējs

cactus

kaktuss

lumânare

svece

bucătărie
virtuve

frigider
ledusskapis
cuptor cu microunde
mikroviļņu krāsns
cântar de bucătărie
virtuves svari
prăjitor de pâine
tosteris
detergent
tīrīšanas līdzekļi
cuptor
cepeškrāsns
răcitor
saldēšanas kamera
coș de gunoi
atkritumu spainis
mașină de spălat vase
trauku mazgājamā mašīna

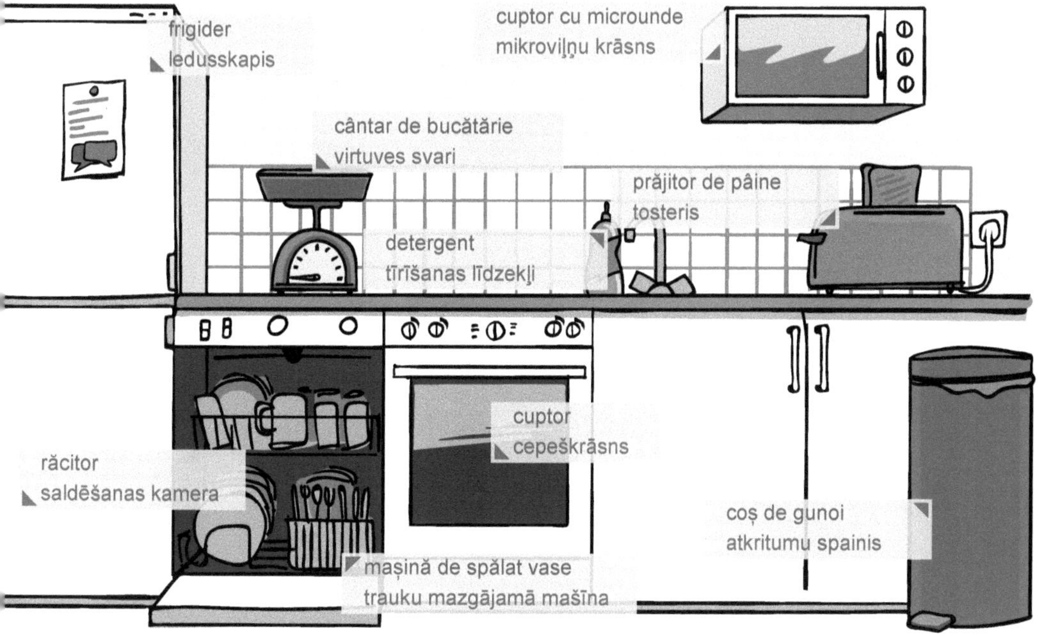

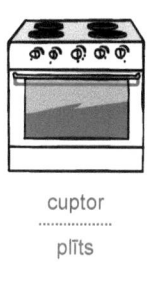

cuptor

plīts

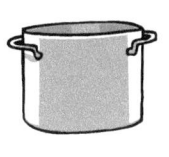

oală

pods

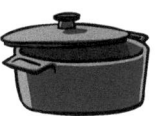

oală de metal

katls

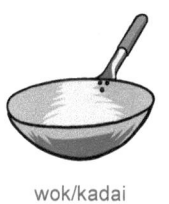

wok/kadai

Wok panna

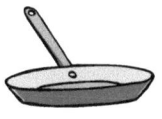

tigaie

panna

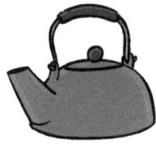

ceainic

elektriskā tējkanna

oală de gătit cu aburi

tvaika katls

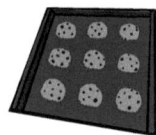

tavă de copt

cepešpanna

veselă

trauki

pahar

krūze

bol

bļoda

bețișoare

irbulīši

polonic

kauss

spatulă

lāpstiņa

tel

putošanas slotiņa

sită

sietiņš

sită

siets

răzătoare

rīve

mojar

piesta

grătar

grilēt

loc pentru grătar

atklāts pavards

tocător
dēlis

sucitor
mīklas rullis

tirbușon
korķu viļķis

conservă
bundža

deschizător de conserve
konservu nazis

șervete termice
virtuves cimdi

chiuvetă
izlietne

perie
birste

burete
sūklis

mixer
mikseris

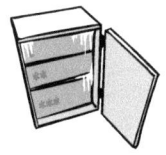

ladă frigorifică
saldētava

biberon
bērna pudelīte

robinet
ūdenskrāns

baie

vannas istaba

încălzire
apkure
prosop
dvielis
duș
duša
perdea de duș
dušas aizkari
baie cu spumă
vannas putas
cadă
vanna
pahar
glāze
mașină de spălat
veļas mašīna
robinet
ūdenskrāns
gresie
flīzes
oală de noapte
podiņš
chiuvetă
izlietne

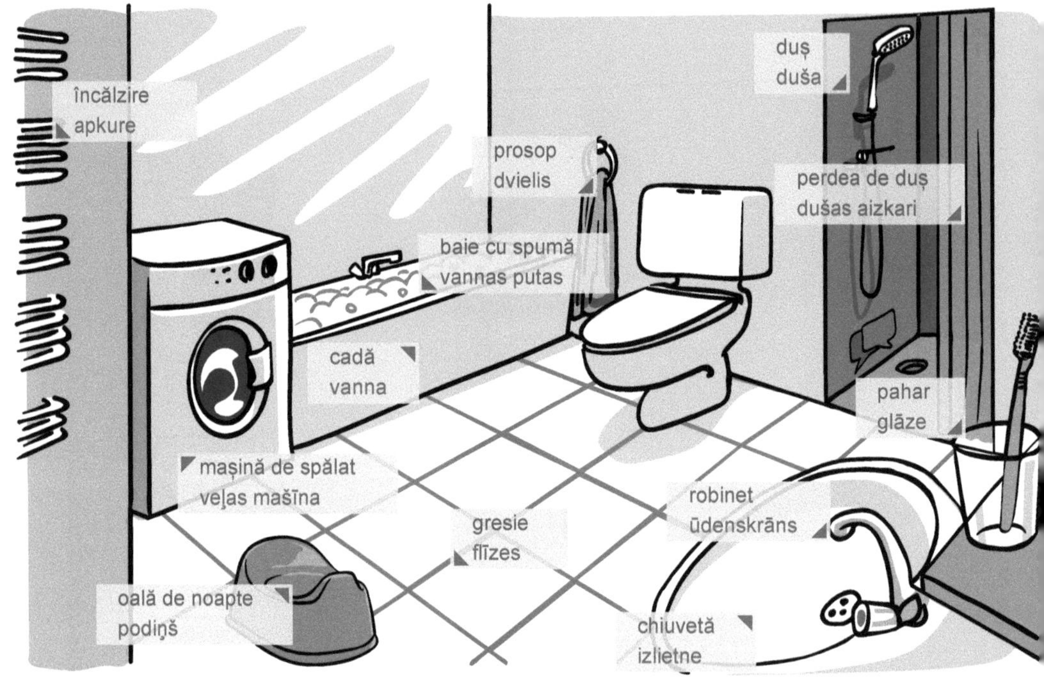

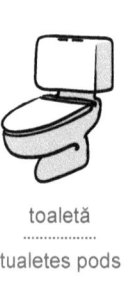

toaletă

tualetes pods

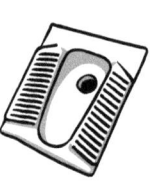

toaletă turcescă

Āzijas tipa tualete

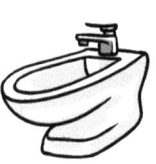

bideu

bidē

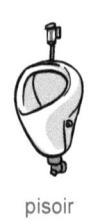

pisoir

pisuārs

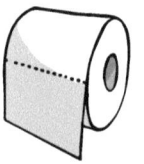

hârtie igienică

tualetes papīs

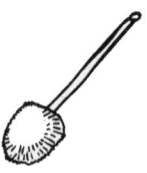

perie de toaletă

tualetes birste

periuță de dinți
zobu birste

pastă de dinți
zobu pasta

ață dentară
zobu diegs

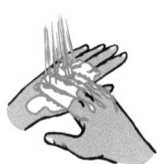

a spăla
mazgāt

cap de duș
rokas duša

duș intim
duša

lavoar
bļoda

perie pentru spate
muguras mazgāšanas birste

săpun
ziepes

gel de duș
dušas želeja

șampon
šampūns

cârpă de spălat
mazgāšanas drāna

scurgere
noteka

cremă
krēms

deodorant
dezodorants

oglindă
spogulis

oglindă cosmetică
spogulītis

aparat de ras
skuveklis

spumă de ras
skūšanās putas

aftershave
losjons pēc skūšanās

pieptene
ķemme

perie
matu suka

uscător de păr
matu fēns

fixator
matu laka

machiaj
grima komplekts

ruj
lūpu krāsa

lac de unghii
nagulaka

vată
vate

foarfece de unghii
šķērītes

parfum
smaržas

neseser

kosmētikas maks

taburet

ķeblītis

cântar

svari

halat de baie

halāts

mănuși de cauciuc

tīrīšanas cimdi

tampon

tampons

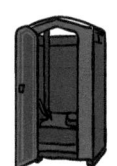

tampon

pakete

toaletă chimică

ķīmiskā tualete

camera copiilor
bērnu istaba

ceas deșteptător
modinātājs
jucărie de pluș
mīkstā rotaļlieta
mașină de jucărie
spēļu automašīna
morișcă
grabulis
casă de păpuși
leļļu māja
cadou
dāvana

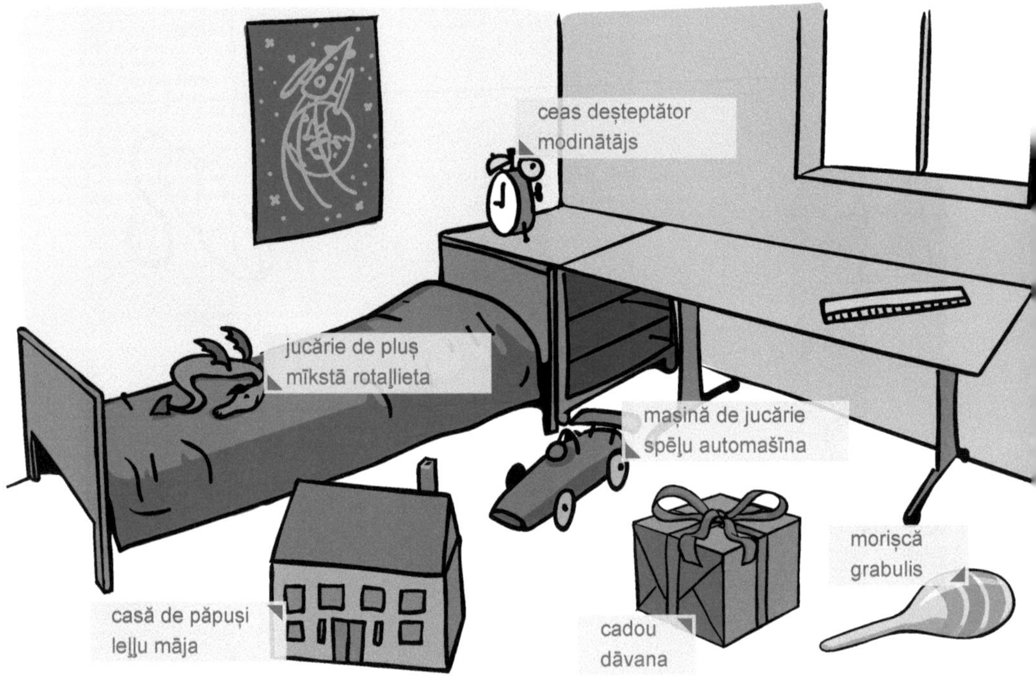

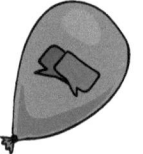

balon

balons

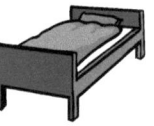

pat

gulta

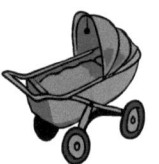

cărucior de copii

bērnu ratiņi

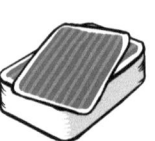

joc de cărți

kārtis

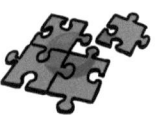

puzzle

puzle

SUPER
MEGA

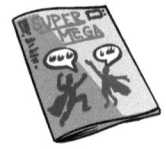

revistă de benzi desenate

komikss

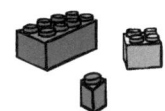

cuburi lego

LEGO klucīši

piese pentru construcţii

klucīši

personaj din filmele de acţiune

varoņu figūra

body

rāpulītis

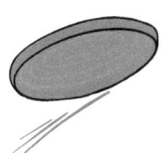

frisbee

lidojošais šķīvītis

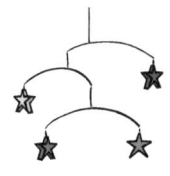

mobil

muzikālais karuselis

joc de societate

galda spēle

zar

metamais kauliņš

set trenuleţ de jucărie

rotaļu dzelzceļš

suzetă

māneklis

petrecere

ballīte

carte cu poze

bilžu grāmata

minge

bumba

păpuşă

lelle

a se juca

spēlēt

groapă de nisip

smilšu kaste

leagăn

šūpoles

jucării

rotaļlietas

consolă video

spēļu konsole

tricicletă

trīsritenis

ursuleț

plīša lācītis

dulap

drēbju skapis

îmbrăcăminte

apģērbs

șosete

īszeķes

ciorapi

zeķes

dres

zeķbikses

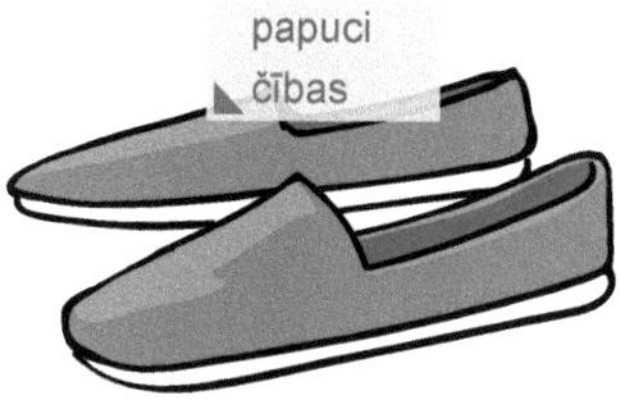

şal
šalle

umbrelă
lietussargs

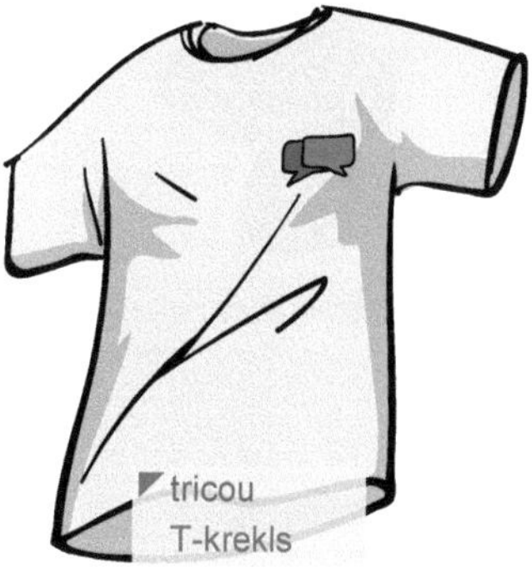

tricou
T-krekls

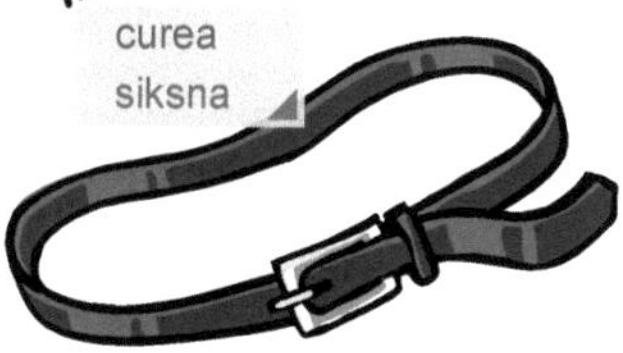

curea
siksna

cizme
zābaks

papuci
čības

pantofi sport
botas

sandale
·················
sandales

încălțăminte
·················
kurpes

cizme de cauciuc
·················
gumijas zābaki

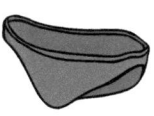

chilot
·················
apakšbikses

sutien
·················
krūšturis

maiou
·················
apakškrekls

body
bodijs

pantaloni
bikses

blugi
džinsi

fustă
svārki

bluză
blūze

cămașă
krekls

pulover
pulovers

jerseu
džemperis

sacou
žakete

jachetă
jaka

palton
mētelis

pelerină de ploaie
lietus mētelis

costum
kostīms

rochie
kleita

rochie de mireasă
kāzu kleita

costum

uzvalks

cămașă de noapte

naktskrekls

pijama

pidžama

sari

sari

batic

lakats

turban

turbāns

burka

burka

caftan

kaftāns

abaya

abaja

costum de baie

peldkostīms

șort

peldbikses

pantaloni scurți

šorti

trening

treniņtērps

șorț

priekšauts

mănuși

cimdi

nasture

poga

ochelari

brilles

brățară

rokassprādze

lanț

kaklarota

inel

gredzens

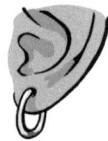

cercel

auskars

căciulă

cepure

umeraș

drēbju pakaramais

pălărie

platmale

cravată

kaklasaite

fermoar

rāvējslēdzējs

cască

ķivere

bretele

bikšturi

uniformă școlară

skolas forma

uniformă

uniforma

baveţică
....
priekšautiņš

suzetă
....
māneklis

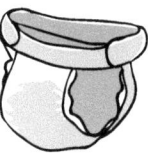

scutec
....
autiņbiksītes

birou
birojs

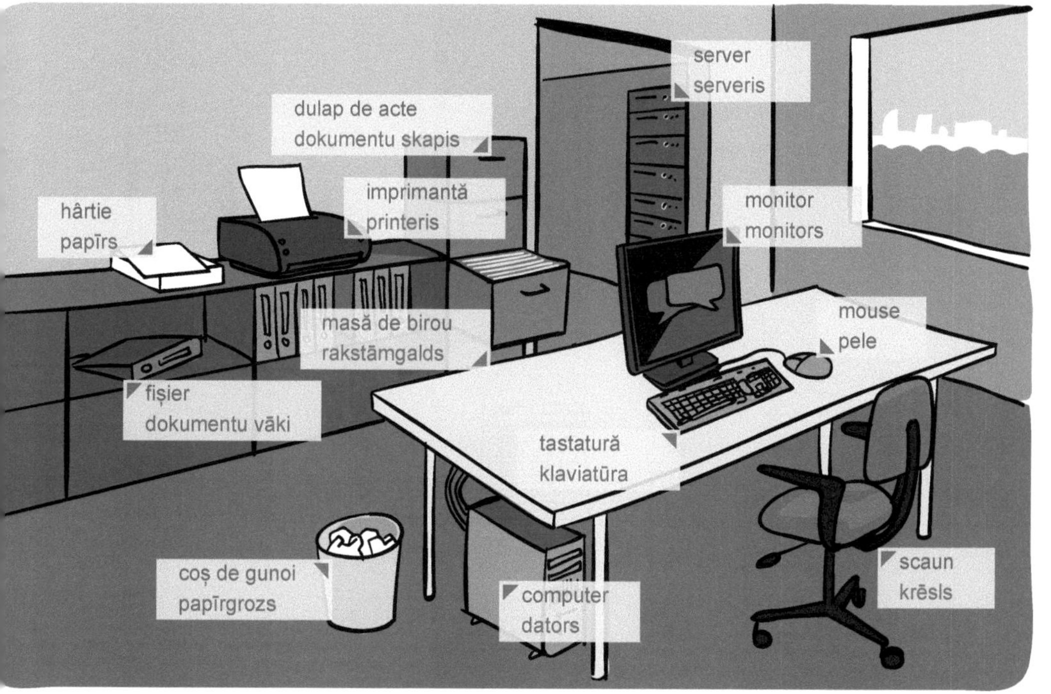

server
serveris

dulap de acte
dokumentu skapis

imprimantă
printeris

hârtie
papīrs

monitor
monitors

masă de birou
rakstāmgalds

mouse
pele

fişier
dokumentu vāki

tastatură
klaviatūra

coş de gunoi
papīrgrozs

scaun
krēsls

computer
dators

ceaşcă de cafea
....
kafijas krūze

calculator
....
kalkulators

internet
....
internets

laptop

portatīvais dators

scrisoare

vēstule

mesaj

ziņa

telefon mobil

mobilais tālrunis

reţea

tīkls

copiator

kopētājs

software

programmatūra

telefon

telefons

priză

rozete

fax

faksa aparāts

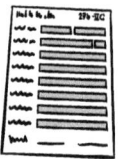

formular

formulārs

document

dokuments

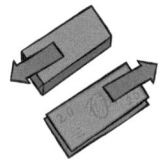

a cumpăra
....
pirkt

a plăti
....
samaksāt

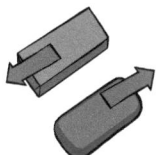

a face comerţ
....
tirgot

bani
....
nauda

Dolar
....
dolārs

Euro
....
eiro

Yen
....
jēna

Rublă
....
rublis

Franc Elveţian
....
franks

renminbi yuan
....
juaņa renminbi

Rupie
....
rūpija

bancomat
....
bankomāts

casă de schimb valutar

valūtas maiņas punkts

aur

zelts

argint

sudrabs

petrol

nafta

energie

enerģija

preț

cena

contract

līgums

impozit

nodoklis

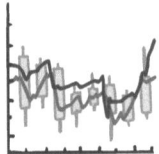

acțiune

akcija

a munci

strādāt

angajat

darbinieks

angajator

darba devējs

fabrică

fabrika

magazin

veikals

ocupații
profesijas

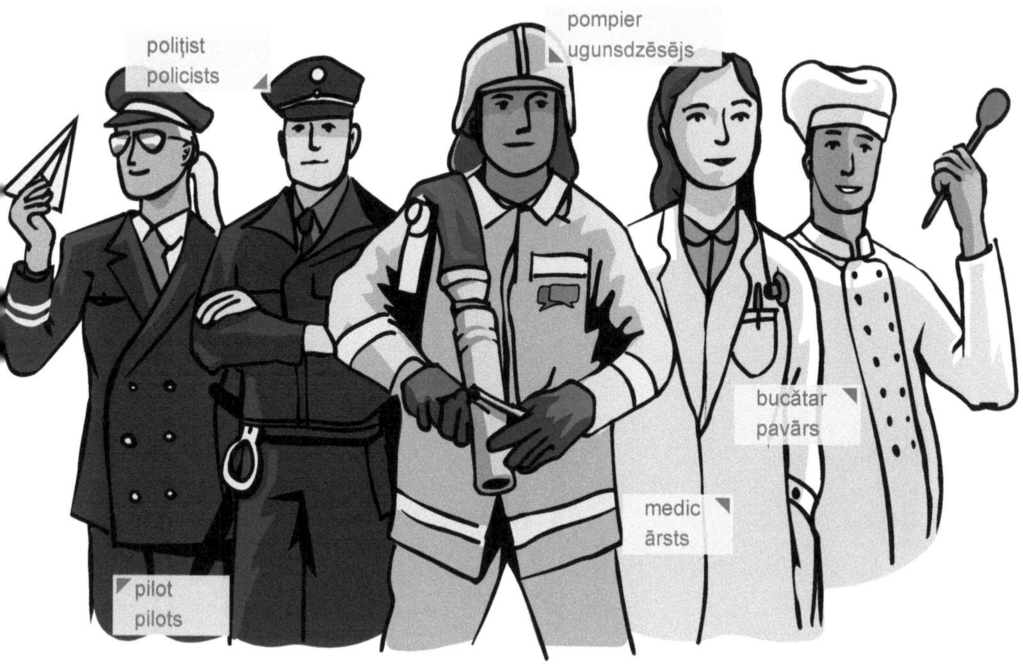

polițist
policists
pompier
ugunsdzēsējs
bucătar
pavārs
medic
ārsts
pilot
pilots

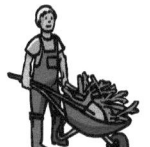

grădinar

dārznieks

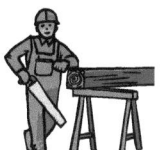

tâmplar

galdnieks

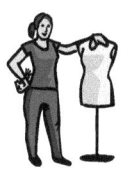

cusătoreasă

šuvēja

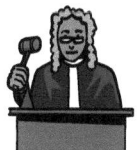

judecător

tiesnesis

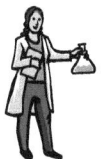

chimist

ķīmiķis

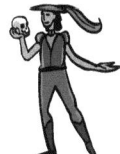

actor

aktieris

șofer de autobuz

autobusa vadītājs

șofer de taxi

taksometra vadītājs

pescar

zvejnieks

femeie de serviciu

apkopēja

tinichigiu

jumiķis

chelnăr

viesmīlis

vânător

mednieks

pictor

gleznotājs

brutar

maiznieks

electrician

elektriķis

muncitor în construcții

celtnieks

inginer

inženieris

măcelar

miesnieks

instalator

skārdnieks

poștaș

pastnieks

soldat

karavīrs

arhitect

arhitekts

casier

kasieris

florar

florists

frizer

frizieris

controlor

konduktors

mecanic

mehāniķis

căpitan

kapteinis

stomatolog

zobārsts

om de ştiinţă

zinātnieks

rabin

rabīns

imam

imāms

călugăr

mūks

preot

mācītājs

instrumente
instrumenti

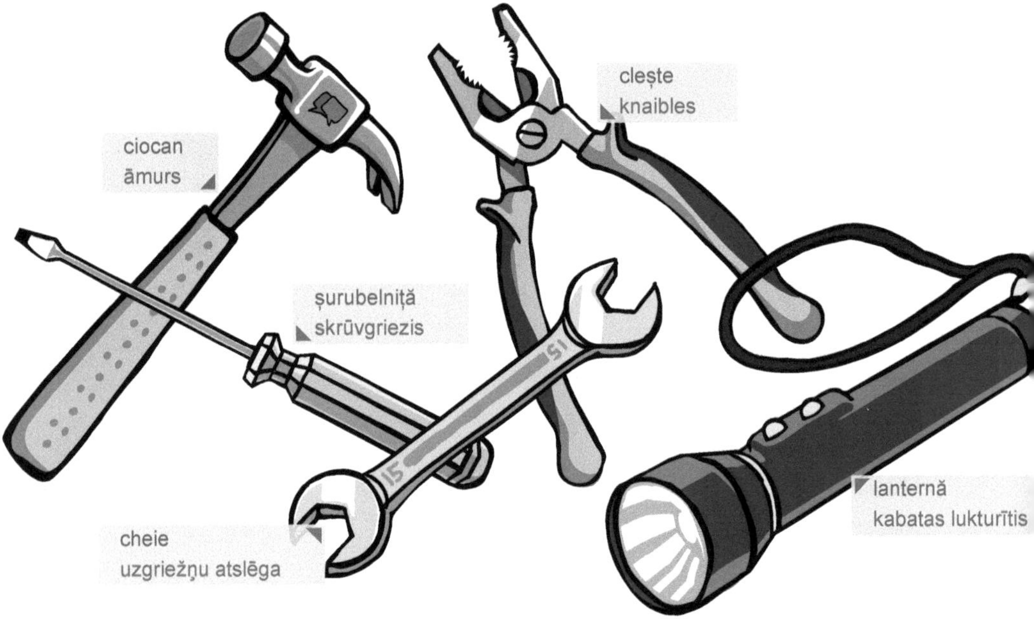

cleşte
knaibles
ciocan
āmurs
şurubelniţă
skrūvgriezis
lanternă
kabatas lukturītis
cheie
uzgriežņu atslēga

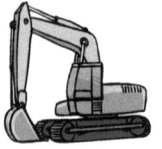

excavator
ekskavators

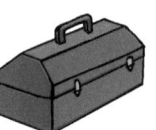

cutie de scule
instrumentu kaste

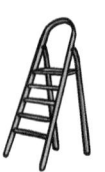

scară
kāpnes

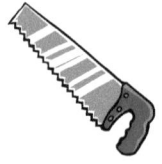

ferăstrău
zāģis

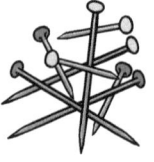

cuie
naglas

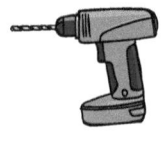

burghiu
urbis

a repara
remontēt

lopată
lāpsta

La naiba!
Velns!

făraș
liekšķere

vas pentru vopsea
krāsas bundža

șuruburi
skrūves

instrumente muzicale
mūzikas instrumenti

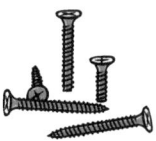

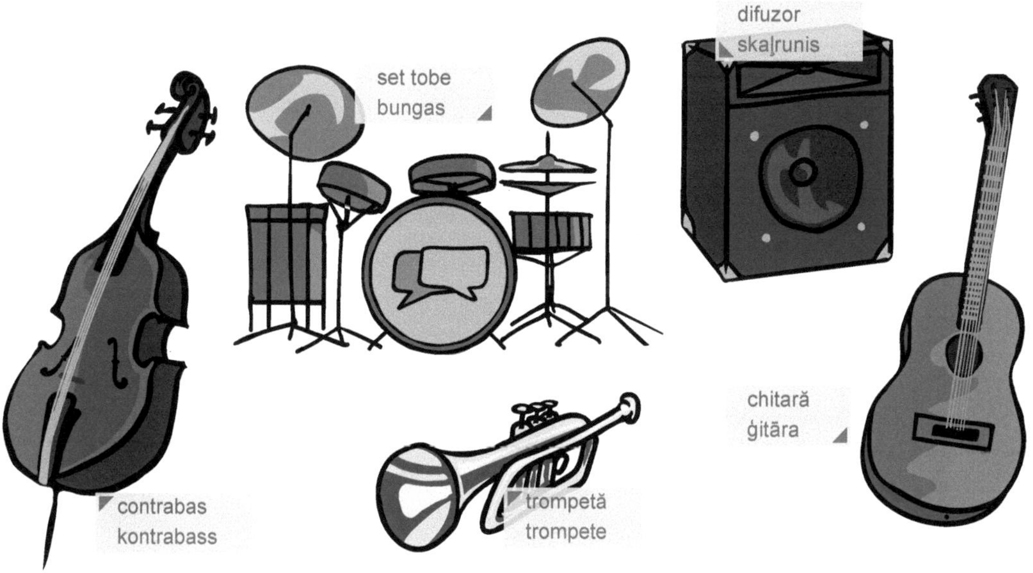

set tobe
bungas

difuzor
skaļrunis

chitară
ģitāra

contrabas
kontrabass

trompetă
trompete

pian
klavieres

vioară
vijole

bas
bass

trombon
timpāni

tobă
bungas

keyboard
digitālās klavieres

saxofon
saksofons

fluier
flauta

microfon
mikrofons

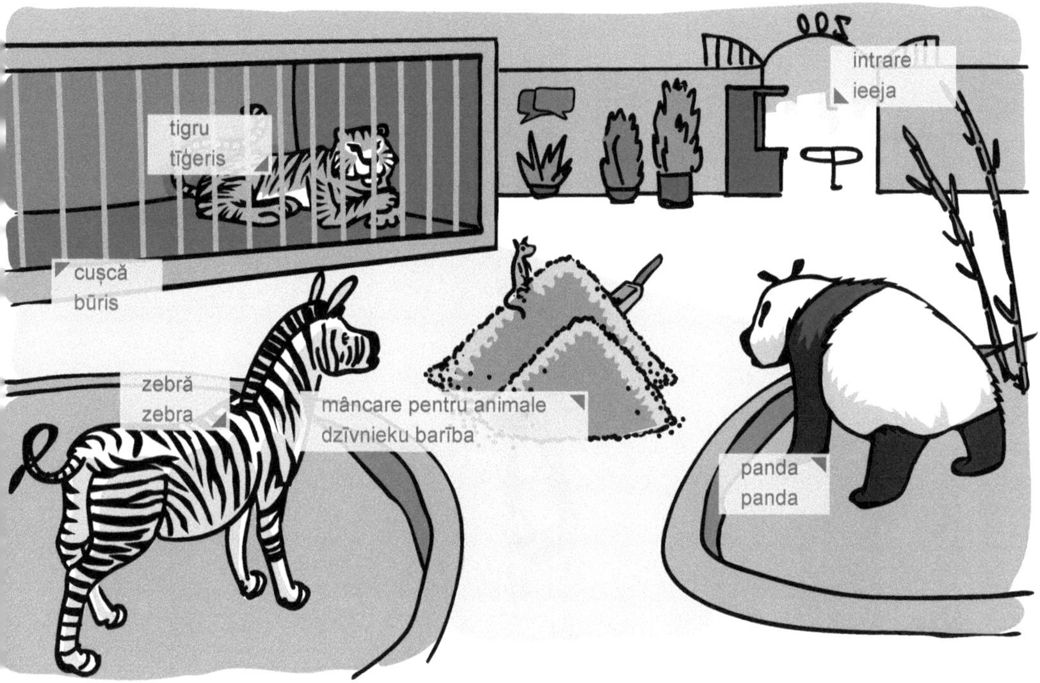

intrare
ieeja

tigru
tīģeris

cușcă
būris

zebră
zebra

mâncare pentru animale
dzīvnieku barība

panda
panda

animale
dzīvnieki

elefant
zilonis

cangur
ķengurs

rinocer
degunradzis

gorilă
gorilla

urs
lācis

cămilă

kamielis

struț

strauss

leu

lauva

maimuță

pērtiķis

flamingo

flamings

papagal

papagailis

urs polar

polārlācis

pinguin

pingvīns

rechin

haizivs

păun

pāvs

șarpe

čūska

crocodil

krokodils

îngrijitor grădina zoologică

zoodārza sargs

focă

ronis

jaguar

jaguārs

ponei

ponijs

leopard

leopards

hipopotam

nīlzirgs

girafă

žirafe

acvilă

ērglis

porc mistreț

meža cūka

pește

zivs

broască țestoasă

bruņurupucis

morsă

valzirgs

vulpe

lapsa

gazelă

gazele

fotbal american
amerikāņu futbols

ciclism
riteņbraukšana

tenis
teniss

basketball
basketbols

înot
peldēšana

box
bokss

hockey pe gheață
hokejs

fotbal
futbols

badminton
badmintons

atletism
vieglatlētika

handbal
rokas bumba

schi
slēpošana

polo
polo

activități
darbības

a râde
smieties
a sări
lēkt
a îmbrățișa
apskaut
a merge
iet
a cânta
dziedāt
a visa
sapņot
a se ruga
lūgt
a săruta
skūpstīt

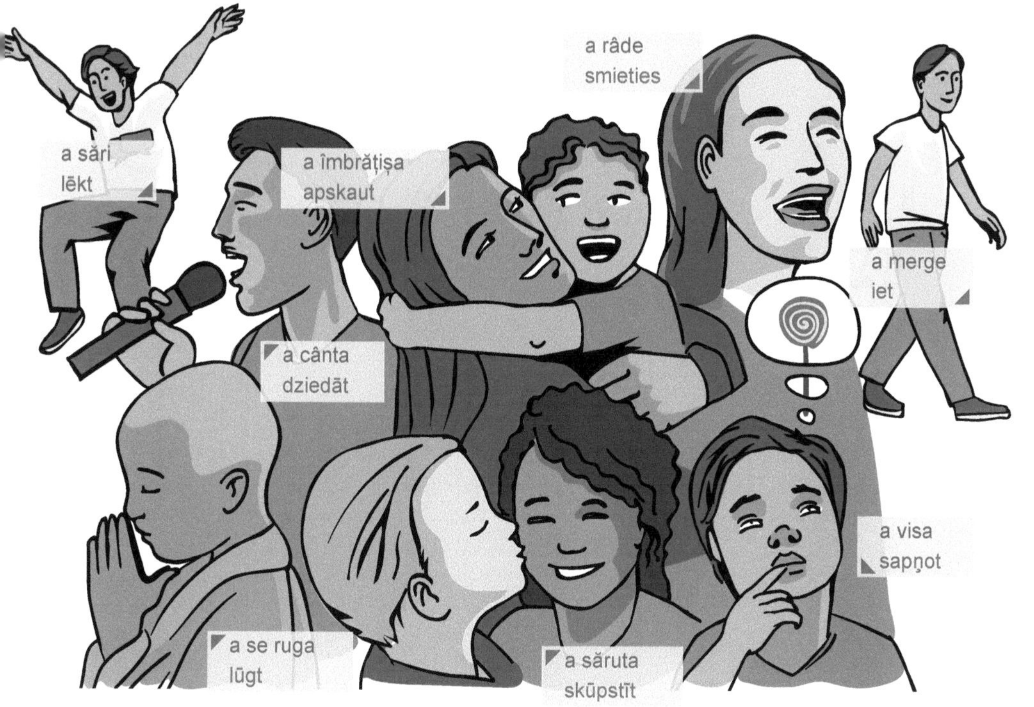

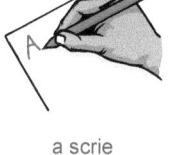

a scrie

rakstīt

a desena

zīmēt

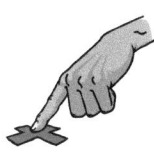

a arăta

rādīt

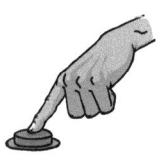

a împinge

spiest

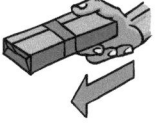

a da

dot

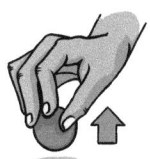

a lua

ņemt

a avea

būt

a face

darīt

a fi

būt

a sta în picioare

stāvēt

a fugi

skriet

a trage

vilkt

a arunca

mest

a cădea

krist

a sta întins

gulēt

a aștepta

gaidīt

a purta

nest

a ședea

sēdēt

a se îmbrăca

uzģērbt

a dormi

gulēt

a se trezi

pamosties

a privi

skatīties

a plânge

raudāt

a mângâia

glāstīt

a se pieptăna

ķemmēt

a vorbi

runāt

a înțelege

saprast

a întreba

jautāt

a asculta

dzirdēt

a bea

dzert

a mânca

ēst

a face ordine

sakārtot

a iubi

mīlēt

a găti

vārīt

a conduce

braukt

a zbura

lidot

a naviga

burot

a calcula

rēķināt

a citi

lasīt

a învăţa

mācīties

a munci

strādāt

a se căsători

precēties

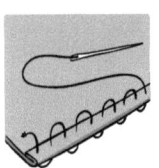

a coase

šūt

a se spăla pe dinţi

tīrīt zobus

a ucide

nogalināt

a fuma

smēķēt

a trimite

sūtīt

bunică
vecāmāte

bunic
vectēvs

tată
tēvs

mamă
māte

bebeluș
mazulis

soră
meita

fiu
dēls

oaspete

viesis

mătușă

tante

unchi

onkulis

frate

brālis

soră

māsa

corp

ķermenis

frunte
piere
ochi
acs
față
seja
bărbie
zods
deget
pirksts
mână
roka
piept
krūtis
braț
roka
umăr
plecs
picior
kāja

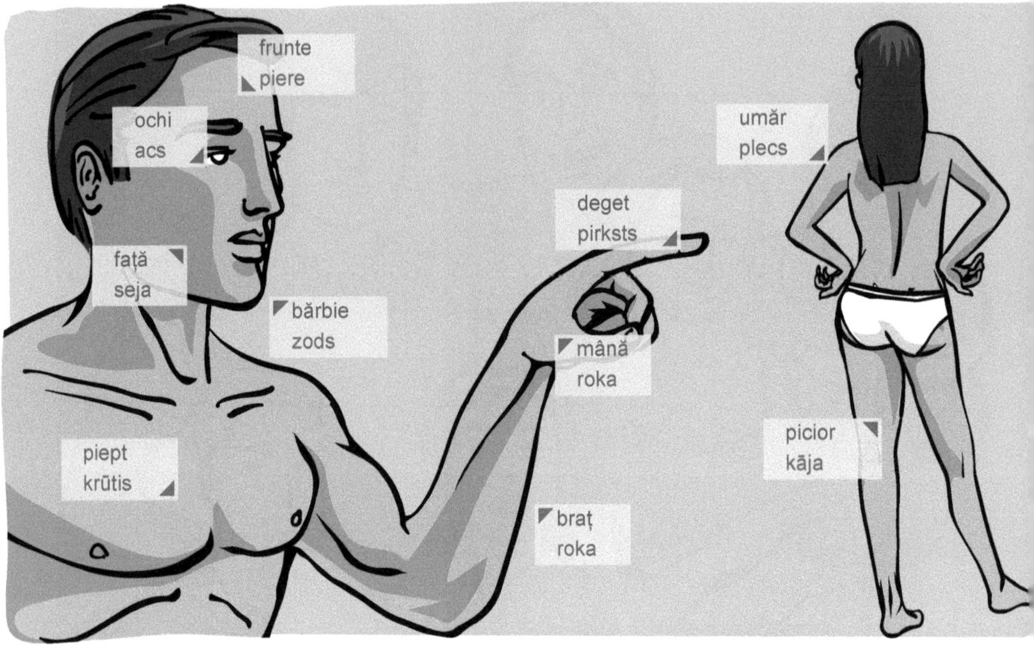

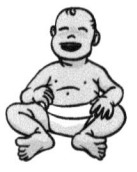

bebeluș

mazulis

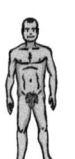

bărbat

vīrietis

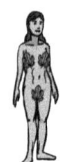

femeie

sieviete

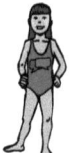

fată

meitene

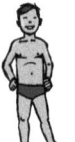

băiat

zēns

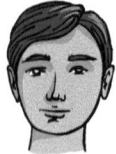

cap

galva

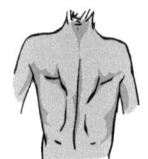

spate

mugura

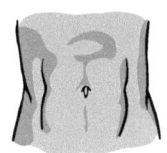

abdomen

vēders

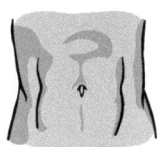

ombilic

naba

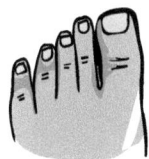

deget de la picior

kājas pirksts

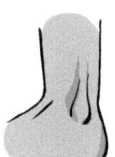

călcâi

papēdis

os

kauls

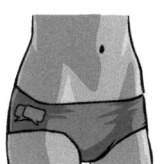

șold

gurns

genunchi

celis

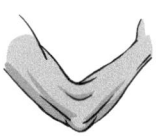

cot

elkonis

nas

deguns

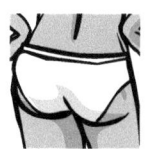

fund

dibens

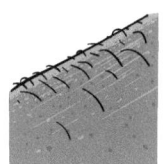

piele

āda

obraz

vaigs

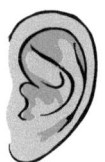

ureche

auss

buză

lūpa

gură
mute

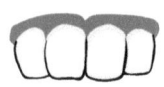

dinte
zobs

limbă
mēle

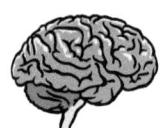

creier
smadzenes

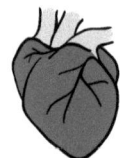

inimă
sirds

mușchi
muskulis

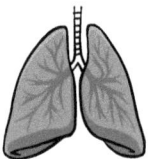

plămân
plaušas

ficat
aknas

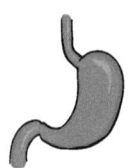

stomac
kuņģis

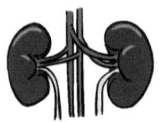

rinichi
nieres

sex
dzimumakts

prezervativ
kondoms

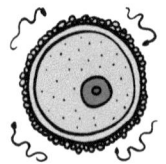

ovul
olšūna

spermă
sperma

sarcină
grūtniecība

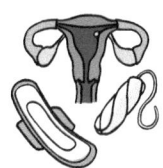

menstruaţie
menstruācijas

vagin
vagīna

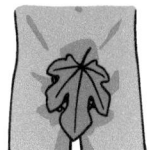

penis
penis

sprânceană
uzacs

păr
mati

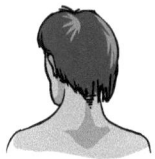

gât
kakls

spital
slimnīca

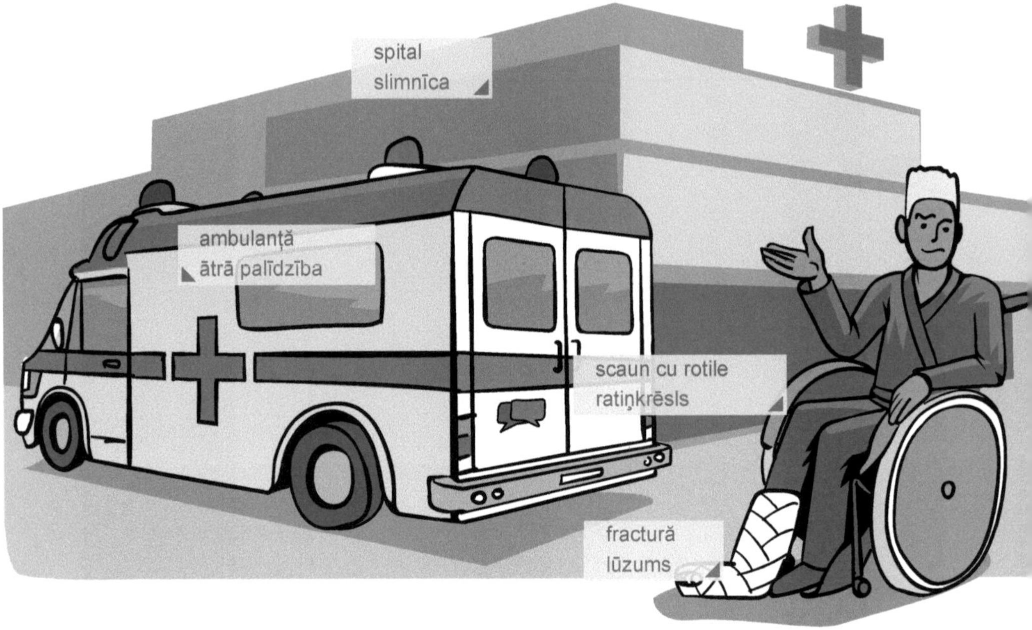

spital
slimnīca
ambulanță
ātrā palīdzība
scaun cu rotile
ratiņkrēsls
fractură
lūzums

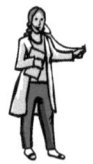

medic

ārsts

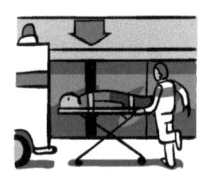

unitate de primiri urgențe

neatliekamās palīdzības nodaļa

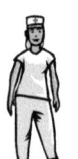

soră medicală

medmāsa

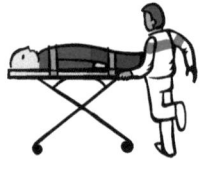

urgență

ārkārtas gadījums

inconștient

paģībis

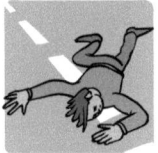

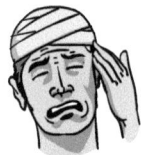

durere

sāpes

leziune
ievainojums

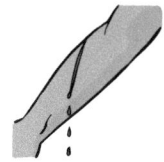

sângerare
asiņošana

infarct miocardic
sirdslēkme

atac cerebral
insults

alergie
alerģija

tuse
klepus

febră
temperatūra

gripă
gripa

diaree
caureja

durere de cap
galvassāpes

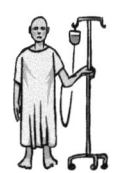

cancer
vēzis

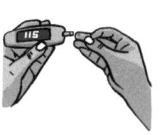

diabet
diabēts

chirurg
ķirurgs

scalpel
skalpelis

operație
operācija

CT

datortomogrāfija

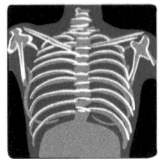

raze Röntgen

rentgents

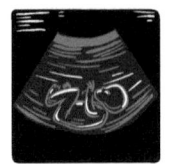

ultrasunet

ultraskaņa

mască

sejas maska

boală

slimība

sală de așteptare

uzgaidāmā telpa

cârjă

kruķis

plasture

plāksteris

bandaj

apsējs

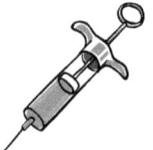

injecție

injekcija

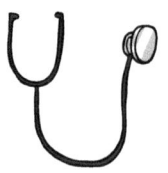

stetoscop

stetoskops

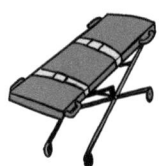

targă

nestuves

termometru

termometrs

naștere

dzemdības

supraponderabilitate

liekais svars

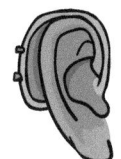

aparat auditiv

dzirdes aparāts

dezinfectant

dezinfekcijas līdzeklis

infecție

infekcija

virus

vīruss

HIV/SIDA

HIV / AIDS

medicină

zāles

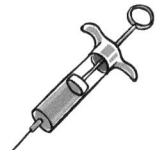

vaccin

pote

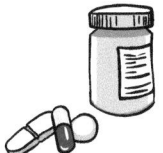

tablete

tabletes

pastilă

pretapauglošanās tablete

apel de urgență

ārkārtas izsaukums

aparat de măsurare a
presiunii arteriale

asinsspiediena mērītājs

bolnav/sănătos

slims / vesels

Ajutor!

Palīgā!

alarmă

trauksme

agresiune

uzbrukums

atac

uzbrukums

pericol

bīstamība

ieșire de urgență

avārijas izeja

Foc!

Uguns!

extinctor

ugunsdzēšamais aparāts

accident

negadījums

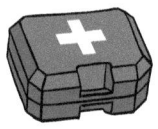

trusă de prim-ajutor

pirmās palīdzības aptieciņa

SOS

SOS

poliție

policija

Europa

Eiropa

America de Nord

Ziemeļamerika

America de Sud

Dienvidamerika

Africa

Āfrika

Asia

Āzija

Australia

Austrālija

Altantic

Atlantijas okeāns

Pacific

Klusais okeāns

Oceanul Indian

Indijas okeāns

Oceanul Antarctic

Dienvidu okeāns

Oceanul Arctic

Ziemeļu ledus okeāns

Polul Nord

Ziemeļpols

Polul Sud

Dienvidpols

Antarctica

Antarktika

pământ

zeme

ţară

zeme

mare

jūra

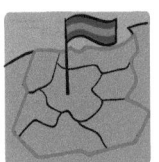

insulă

sala

naţiune

nācija

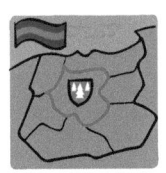

stat

valsts

cadran

ciparnīca

orar

stundu rādītājs

minutar

minūšu rādītājs

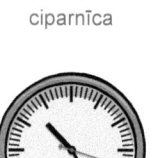

secundar

sekunžu rādītājs

Cât e ceasul?

Cik ir pulkstenis?

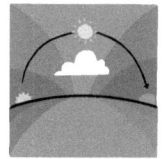

zi

diena

timp

laiks

acum

tagad

cead digital

digitālais pulkstenis

minut

minūte

oră

stunda

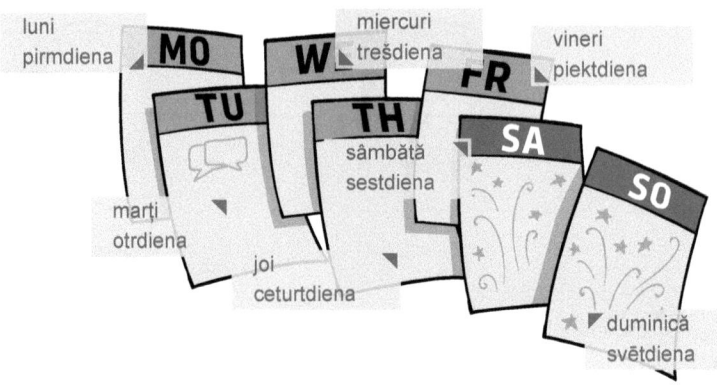

luni
pirmdiena

miercuri
trešdiena

vineri
piektdiena

marți
otrdiena

sâmbătă
sestdiena

joi
ceturtdiena

duminică
svētdiena

ieri

vakardien

azi

šodien

mâine

rītdien

dimineață

rīts

amiază

pusdienlaiks

seară

vakars

zile lucrătoare

darbadienas

week-end

brīvdienas

curcubeu
varavīksne

ploaie
lietus

zăpadă
sniegs

vânt
vējš

primăvară
pavasaris

toamnă
rudens

vară
vasara

iarnă
ziema

4.APRIL	11°	
5.APRIL	4°	
6.APRIL	13°	
7.APRIL	8°	
8.APRIL	10°	

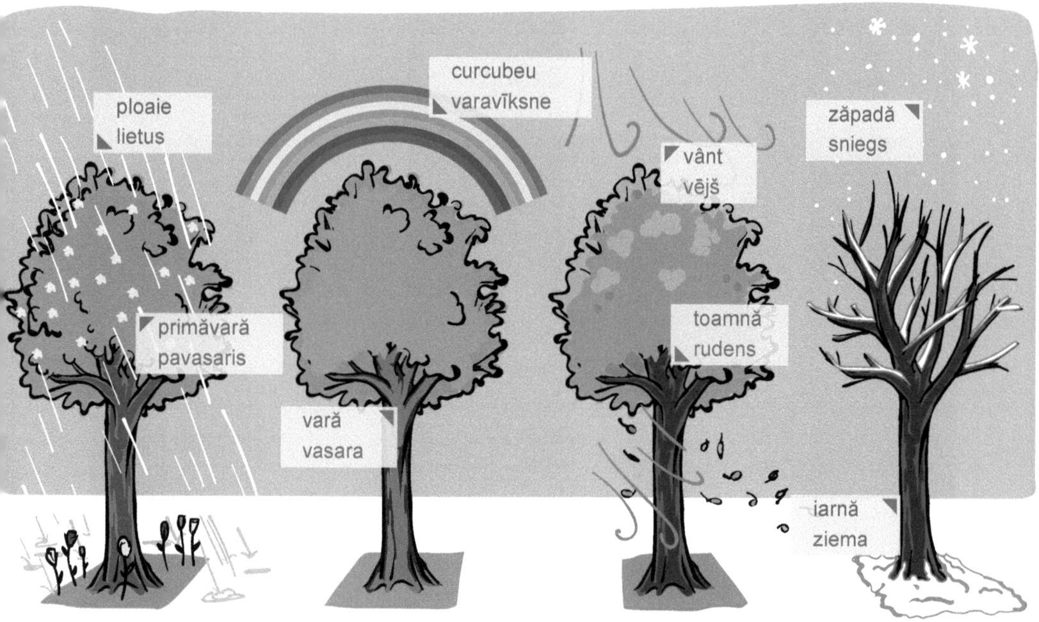

prognoză meteo

laika prognoze

termometru

termometrs

lumina soarelui

saules gaisma

nor

mākonis

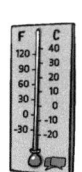

ceață

migla

umiditate a aerului

gaisa mitrums

fulger
....
zibens

tunet
....
pērkons

furtună
....
vētra

grindină
....
krusa

muson
....
musons

inundaţie
....
plūdi

gheaţă
....
ledus

ianuarie
....
janvāris

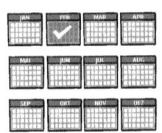

februarie
....
februāris

martie
....
marts

aprilie
....
aprīlis

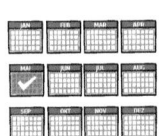

mai
....
maijs

iunie
....
jūnijs

iulie
....
jūlijs

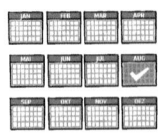

august
....
augusts

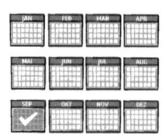

septembrie

septembris

octombrie

oktobris

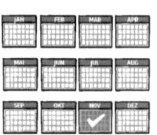

noiembrie

novembris

decembrie

decembris

cerc

aplis

pătrat

kvadrāts

dreptunghi

četrstūris

triunghi

trīsstūris

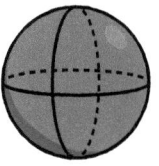

sferă

lode

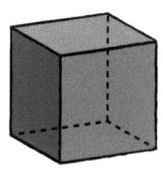

cub

kubs

alb
....
balts

galben
....
dzeltens

portocaliu
....
oranžs

roz
....
sārts

roșu
....
sarkans

violet
....
lillā

albastru
....
zils

verde
....
zaļš

maro
....
brūns

gri
....
pelēks

negru
....
melns

mult/puțin

daudz / maz

furios/calm

saniknots / miermīlīgs

frumos/urât

skaists / neglīts

început/sfârșit

sākums / beigas

mare/mic

liels / mazs

luminos/întunecat

gaišs / tumšs

frate/soră

brālis / māsa

curat/murdar

tīrs / netīrs

complet/incomplet

pilnīgs / nepilnīgs

zi/noapte

diena / nakts

mort/viu

miris / dzīvs

lat/strâmt

plats / šaurs

comestibil/necomestibil

baudāms / nebaudāms

rău/prietenos

nikns / laipns

emoţionat/plictisit

satraukts / garlaikots

gras/slab

resns / tievs

primul/ultimul

pirmais /pēdējais

prieten/inamic

draugs / ienaidnieks

plin/gol

pilns / tukšs

tare/moale

ciets / mīksts

greu/uşor

smags / viegls

foame/sete

izsalkums / slāpes

bolnav/sănătos

slims / vesels

ilegal/legal

nelegāls / legāls

inteligent/stupid

inteliģents / dumjš

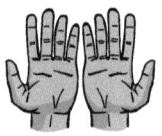

stânga/drepta

kreisais / labais

aproape/departe

tuvu / tālu

nou/uzat

jauns / lietots

nimic/ceva

nekas / kaut kas

bătrân/tânăr

vecs / jauns

pornit/oprit

ieslēgts / izslēgts

deschis/închis

atvērts / slēgts

încet/tare

kluss / skaļš

bogat/sărac

bagāts / nabags

corect/fals

pareizi / nepareizi

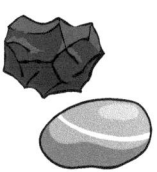

aspru/neted

raupjš / gluds

trist/fericit

noskumis / laimīgs

lung/scurt

īss / garš

încet/repede

lēns / ātrs

ud/uscat

slapjš / sauss

cald/rece

silts / vēss

război/pace`

karš / miers

antonime - pretstati

0

zero

nulle

1

unu

viens

2

doi

divi

3

trei

trīs

4

patru

četri

5

cinci

pieci

6

șase

seši

7

șapte

septiņi

8

opt

astoņi

9

nouă

deviņi

10

zece

desmit

11

unsprezece

vienpadsmit

12

douăsprezece

divpadsmit

13

treisprezece

trīspadsmit

14

paisprezece

četrpadsmit

15

cincisprezece

piecpadsmit

16

șaisprezece

sešpadsmit

17

șaptesprezece

septiņpadsmit

18

optsprezece

astoņpadsmit

19

nouăsprezece

deviņpadsmit

20

douăzeci

divdesmit

100

o sută

simts

1.000

o mie

tūkstotis

1.000.000

un milion

miljons

engleză

anglu

engleză americană

amerikāņu anglu

chineza mandarină

ķīniešu mandarīnu valoda

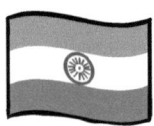

hindi

hindi

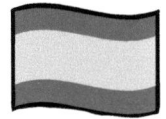

spaniolă

spāņu

franceză

franč"

arabă

arābu

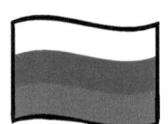

rusă

krievu

protugheză

portugāļu

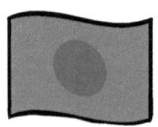

bengaleză

bengāļu

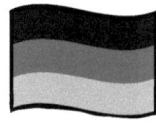

germană

vācu

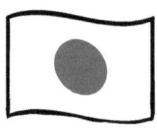

japoneză

japāņu

eu
es

tu
tu

el/ea
viņš / viņa

noi
mēs

voi
jūs

ea
viņi / viņas

cine?
kas?

ce?
ko?

cum?
kā?

unde?
kur?

când?
kad?

nume
vārds

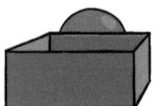

în spate

aiz

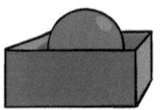

în

iekšā

înainte

priekšā

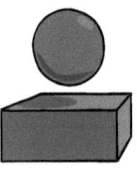

peste

virs

pe

uz

sub

zem

lângă

blakus

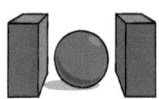

între

starp

loc

vieta